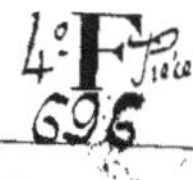

LES STATUTS

DE LA

CORPORATION DES COCHERS

DE ROME

D'APRÈS UN MANUSCRIT INÉDIT DE LA BIBLIOTHÈQUE NATIONALE

COMMUNICATION FAITE AU CONGRÈS DES SOCIÉTÉS SAVANTES DE PARIS, 1891

PAR

M. E. RODOCANACHI

PARIS

ALPHONSE PICARD, ÉDITEUR

LIBRAIRIE DES ARCHIVES NATIONALES ET DE LA SOCIÉTÉ DE L'ÉCOLE DES CHARTES

82, RUE BONAPARTE, 82

1891

LES STATUTS

DE LA

CORPORATION DES COCHERS

DE ROME

ANGERS, IMP. A. BURDIN ET Cie, RUE GARNIER, 4.

Spiégel lith.   Imp. P^ts Didot & Cie, Paris

MINIATURES formant le Frontispice du Manuscrit
des Statuts de la Corporation des Cochers de Rome,
appartenant à la BIBLIOTHÈQUE NATIONALE

Spiégel lith.

Imp. F.ⁱᵉ Didot & Cⁱᵉ, Paris.

MINIATURES formant le Frontispice du Manuscrit
des Statuts de la Corporation des Cochers de Rome,
appartenant à la BIBLIOTHÈQUE NATIONALE

LES STATUTS

DE LA

CORPORATION DES COCHERS

DE ROME

COMMUNICATION FAITE AU CONGRÈS DES SOCIÉTÉS SAVANTES DE PARIS, 1891

PAR

M. E. RODOCANACHI

PARIS

ALPHONSE PICARD, ÉDITEUR

LIBRAIRIE DES ARCHIVES NATIONALES ET DE LA SOCIÉTÉ DE L'ÉCOLE DES CHARTES

82, RUE BONAPARTE, 82

—

1891

LA

CORPORATION DES COCHERS

DE ROME

D'APRÈS UN MANUSCRIT INÉDIT DE LA BIBLIOTHÈQUE NATIONALE

Il existe à la Bibliothèque Nationale un curieux manuscrit contenant les statuts de la corporation des cochers de Rome. C'est un petit in-quarto, de onze feuilles seulement, sur parchemin, revêtu d'un cartonnage modeste. De bizarres enluminures un peu frustes mais intéressantes, que l'on a reproduites ci-contre, lui servent de frontispice. Le texte en est d'une écriture ronde, du xvıı^e siècle. Ce manuscrit porte actuellement la cote 610 du fonds italien.

Ce qui en fait le prix, c'est qu'il est unique. Les archives romaines n'en contiennent pas, que je sache, de réplique, soit imprimée, soit même manuscrite. C'est le seul vestige d'une corporation ancienne qui, sans être jamais très prospère, eut néanmoins une existence honorable.

La corporation fut, en effet, fondée ou, à tout le moins, ébauchée, en 1546, sous le haut patronage de Paul III [1], en un temps où Paris, moins

1. Bibliothèque Vaticane, mss. Urbinati.

avancé que Rome sur ce point, ne connaissait que fort peu les coches et les carrosses. Aussi n'y trouve-t-on point de corporation analogue. Cependant le Saint-Siège n'aimait guère à voir les Romains rouler carrosse ; ce luxe passait pour dangereux, damnable[1]. Les cochers couraient risque de se trouver à pied. Aussi, un de leurs premiers soins et de leurs plus constants soucis fut-il d'obtenir l'approbation pontificale. Paul III, on l'a dit, quoique austère sur certains chapitres, pas tous, les protégea ; Pie V, un saint, Grégoire XIII, plus accessible aux idées de luxe, leur accordèrent, eux aussi, protection (1568-1574)[2].

En 1565, les cochers s'étaient définitivement constitués. Prudemment, et l'on verra par la suite que les cochers étaient gens remarquablement prudents à Rome, ils se mirent sous l'invocation de la glorieuse Vierge Marie et sous la protection plus immédiate du révérend Bartolomeo Latio, recteur de l'église paroissiale Santa Lucia della Tinta[3]. Cette vieille mais pauvre église, située non loin de la place Campo di Fiore, en plein quartier commerçant (son nom l'indique : le quartier des *boutiques obscures*, « delle botteghe oscure »), leur servait, à l'instar des autres corporations romaines, de lieu de réunion, ou tout au moins de ralliement, ainsi que de dépôt pour leurs archives et leurs objets précieux.

Cependant, bien que nés à la vie corporative, les cochers ne s'étaient point donnés de règle écrite, de constitution. C'était le cas de plus d'une corporation puissante. On vivait de tradition. Les constitutions les plus respectées, les plus vivaces, ne sont pas toujours celles qui sont le mieux définies, sans doute à cause de leur obscurité, de leur élasticité même. Ce ne fut que quarante ans plus tard, vers la fin de l'année 1622, sans doute à la suite de quelque contestation plus amère et plus irrésoluble que les autres,

1. Voyez, dans Moroni, *Dict. Eccles.*, l'article « Lusso ».
2. *Descrizione di Roma moderna*, 1727, page 240. Les armes de ces papes figurent au frontispice, comme on a pu le voir.
3. Elle portait aussi le nom de *Quattuor Portarum*.

que les cochers songèrent à se doter d'un statut écrit. On le rédigea en vingt-cinq articles. Brève et nette, cette constitution peut servir à donner une idée relativement adéquate de l'esprit et de la forme générale des autres corporations romaines.

De plus, le manuscrit que nous possédons a ce mérite d'être le document original, l'exemplaire premier et unique de cette constitution, ainsi qu'en font foi les signatures et les sceaux des magistrats, apposés sur les derniers feuillets.

Toutefois, avant d'en exposer le contexte, il est une question qui se pose et qu'il est intéressant d'élucider : par suite de quelles aventures la Bibliothèque Nationale se trouve-t-elle en possession de ce document auquel la corporation devait tenir, ce semble, comme au symbole de son existence et à l'expression patente de ses droits ? L'histoire en est singulière.

Les statuts, on l'a vu, furent rédigés en 1623 ou mieux en 1622, car, dès le mois de janvier 1623, ils étaient sanctionnés par les magistrats capitolains : le 2 janvier, par les trois Conservateurs de la République [1]; le 26, par le sénateur en exercice, Giov. Battista Fenzonio, célèbre légiste [2].

Un peu plus tard, en l'année 1634 (13 et 15 juillet), on les soumit de nouveau à la ratification des mêmes autorités [3]. Ils étaient vraisemblablement déposés, selon l'usage constant des corporations romaines, dans les archives de l'église patronale Santa Lucia. Or, il arriva précisément vers ce temps que cette église subit de profondes modifications : un cardinal, Domenico Ginasio, l'acheta avec quelques maisons contiguës, en vue de l'édification d'un hospice. Le cardinal mourut [4] et l'on ne donna pas suite à ses projets.

Mais, au cours de ces remaniements, les archives furent sans doute dé-

1. Giov. Battista Bolognetti, Giovanni Teodoro, Gasparo Ruggiero.

2. Giov. Battista Fenzonio de Brisighella, élu le 3 novembre 1616, qui publia une édition annotée des statuts de la ville de Rome : *Annotationes in statuta Romae Urbis cum variis diversarum Pontificum litteris et decis*, Romae, 1636.

3. Les conservateurs étaient : Mario de' Rubeis, Flavio Abbono, Fabio Celsos ; le sénateur Orazio Albani d'Urbino.

4. Le 13 mars 1639.

placées, peut-être dispersées, et l'on en profita pour en soustraire la minute des statuts. Mazarin résidait alors à Rome et l'on sait, qu'amoureux d'art et de littérature au point qu'en mourant son plus amer regret était de quitter à jamais ses trésors, il recherchait passionnément les livres. Malgré l'exiguïté de ses ressources, sa bibliothèque était déjà connue [1]. Le manuscrit en question avait d'autant plus de prix pour lui que son humble extraction le rapprochait davantage de cette classe d'artisans dont il était l'œuvre et dont il témoignait l'activité et surtout le bon sens. S'il n'en fit point alors lui-même l'acquisition, ce fut plus tard, par l'intermédiaire de son pourvoyeur, le savant et expert bibliophile Gabriel Naudé, qui parcourut pour son compte l'Angleterre, l'Allemagne et l'Italie, de 1645 à 1647, en quête de raretés. Mais le peu de valeur apparente de cette petite plaquette, aux enluminures naïves et quelque peu grossières, aurait détourné, à mon sens, ce délicat collectionneur de Gabriel Naudé d'en proposer l'achat à son protecteur, et c'est pourquoi je penche pour ma première hypothèse. Quoi qu'il en soit, acheté directement de 1634 à 1638 ou bien par l'entremise de Vadé, en 1646, du chef de Mazarin, le manuscrit vint de Rome à Paris [2].

Ce fut pour peu de temps. La Fronde éclata, Mazarin dut fuir et le peuple de Paris, suivant une habitude dont il n'a pas perdu la tradition, songea tout aussitôt à faire main basse sur tous ses biens (1649). Par ordre du Parlement, on les saisit. L'intervention éplorée de Naudé en faveur du cardinal ne fit que retarder de deux ans la dispersion de sa bibliothèque. Le Parlement de Paris, par arrêt du 29 décembre 1651, en ordonna la vente qui, fut consommée en mars suivant [3]. Naudé en mourut de chagrin peu après.

---

1. D'après le P. Jacob (*Traités des plus belles bibliothèques publiques et particulières*), sa bibliothèque comprenait déjà plus de cinq mille volumes, *conservez dans les armoires, trélissez de fil doré cizelées et dorés à surface, avec des vases, bustes et autres antiques sur le haut d'icelles.* (Cité par G. Mazzatinti, *Inventario dei ms. Italiani*, vol. I, 1886).

2. On lit dans une lettre qu'Isaac Vassius adressait, en date du 26 novembre 1645, à Nicolas Heinsius : *Bibliotheca Mazzanica necdum, puto, Parisios advecta est.*

3. L'état où se trouvait alors la bibliothèque du cardinal, transportée peu de temps auparavant au

Parmi les acquéreurs était la reine de Suède, Christine, fort éprise des choses d'art, et tous les manuscrits du cardinal, dont les statuts des cochers, passèrent à Stockholm.

Mais bientôt, Mazarin revenu, chacun, jaloux de faire sa cour au tout-puissant favori de la régente, s'empressa de lui restituer ce dont il venait d'être dépouillé. Les manuscrits furent réintégrés dans la Bibliothèque du Palais-Mazarin.

A sa mort, il légua « au public », ainsi qu'il en avait toujours manifesté l'intention [1], la jouissance de sa bibliothèque dont il avait, de son vivant, facilité l'accès aux travailleurs avec une libéralité fort rare à cette époque. Cette riche collection devint, pour ainsi dire, l'annexe du collège des Quatre Nations. Mais, si elle abondait en documents précieux, il lui manquait, par contre, quantité d'ouvrages de moindre valeur et pourtant indispensables aux professeurs du collège voisin. C'est ce qui inspira à Colbert la pensée d'un échange avec la Bibliothèque Royale. Il fit agréer son projet au Conseil Royal qui, par arrêt en date du 12 janvier 1868, en ordonna l'exécution. Des experts furent nommés, entre autres le fameux libraire Sébastien Marbre Cramoisy, et tous les manuscrits ayant appartenu au défunt cardinal devinrent la propriété de la Bibliothèque Royale [2]. Les statuts de la Corporation des Cochers se trouvaient du nombre, ainsi qu'un exemplaire des statuts de l'Art de l'Agriculture [3].

palais Mazarin, est décrit fort minutieusement dans un rapport de Naudé, commençant par ces mots : « Aujourd'hui, 14 février 1651, le nommé Mathieu, servant d'ordinaire au palais Monseigneur l'éminentissime cardinal Mazarin... » Il y est constaté qu'un grand nombre de manuscrits hébreux, syriaques provençaux, italiens, latins, se trouvaient réunis *au troisième entresol* du palais. Cette pièce se trouve comprise dans un recueil intitulé *Mélanges ecclésiastiques*, qui porte le n° 11926 du fonds latin. Voyez aussi à ce sujet les manuscrits de la Bibliothèque nationale, n° 260 et 478 du fonds des catalogues.

1. Il en voulait, est-il dit dans son testament, « faire présent au public ».

2. La nomenclature des manuscrits et imprimés, objets de l'échange, se trouve dans l'état qui figure au fonds des Catalogues sous la cote 258. Ils étaient au nombre de 2156.

3. Sur ce qui précède, consultez FRANKLIN, *Histoire de la Bibliothèque Mazarine*, Paris, 1860, et surtout Léopold DELISLE, *Le Cabinet des Manuscrits de la Bibliothèque Impériale*, Paris, 1868, dont j'ai suivi fidèlement le récit; ainsi que le catalogue de MAZZATINTI, cité ci-contre.

Notre manuscrit n'était resté, on le voit, que fort peu de temps à Rome, puisque, composé en 1623, confirmé en 1634, il était à Paris dès 1646. C'est ce qui explique qu'il n'en existe ni copie ni trace dans les archives romaines.

On attachait à Rome une extrême importance au cérémonial et cela se conçoit, étant donné la grande part qui lui était faite dans la vie publique. Aucun acte social, du haut en bas de l'échelle, ne s'y faisait sans pompe. Toutes les corporations rivalisent sur ce point. Leurs statuts abondent en prescriptions sur ce chapitre. Ceux des Cochers sont particulièrement précis. Ils donnent, grâce à leur minutie, l'impression très nette de ce que devaient être, par exemple, les réunions ouvrières à Rome, vers le commencement du xviie siècle. Elles ressemblaient peu à celles de notre époque, car on a tout lieu de croire que les recommandations des statuts étaient respectées à cet égard comme pour le reste. Tout y était sérieux, compassé, presque solennel.

Le président, qui avait titre de doyen, les quatre assesseurs, rangés suivant leur âge, le secrétaire, le trésorier prenaient place derrière une table couverte d'un tapis et sur laquelle figuraient, à côté des ustensiles traditionnels, papier, plumes, encrier, sonnette, plusieurs registres, un cachet, le sceau de la corporation. Le président, ou, à son défaut, l'un des assesseurs, ouvrait la séance et dirigeait les débats. C'est à lui à ouvrir les débats. Celui des assistants qui a une notion à présenter se lève, se découvre et respectueusement s'incline devant le bureau auquel il semble s'adresser uniquement[1]. Tant qu'il parle, chacun doit faire silence, et il conclut en ces termes qui devraient rappeler les harangues des héros d'Homère : J'ai dit. Chacun à son tour prend la parole et la discussion se poursuit calmement ; puis on passe au vote. Un huissier fait circuler les urnes où l'on dépose une

___

1. C'est ainsi que cela se pratique encore au Parlement de Westminster.

fève noire si on approuve, blanche en cas d'avis contraire. Le vote recensé, le
doyen en proclame le résultat qu'un notaire, assistant à la séance, inscrit
tout aussitôt sur un registre. Avant qu'on se sépare, il est rappelé aux
assistants que le secret des délibérations doit être scrupuleusement gardé
de tous.

ART. XXIV.

Tout cet attirail de tapis, de sonnette, de plumes et d'encrier, tout ce
cérémonial et ces formes exquises, les statuts en règlent avec minutie jusqu'aux moindres détails.

ART. XIII,
XIV, XXI.

Les cochers romains ont grand respect d'eux-mêmes et grand souci de la
hiérarchie; ils tiennent à leur respectabilité. Pour être agrégé à leur corpo-
ation et avoir, par conséquent, droit de conduire dans la ville, il faut fairer
ses preuves devant le doyen[1], jurer absolue obéissance aux statuts et pro-
mettre de se montrer déférent envers les chefs et de toujours céder le pas
aux cochers plus âgés, soit dans la rue, soit dans les cortèges, soit dans
les processions, à moins toutefois que la position sociale du maître de la
voiture ne lui donnât le privilège de la préséance. Tout cela, sous peine
d'être chassé incontinent de la corporation. En outre, on exige de l'impé-
trant qu'il s'engage à vivre honnêtement, à fuir tout vice, à se montrer
bon chrétien et pratiquant. Les cochers sont sévères pour eux-mêmes.

ART. XV.

ART. XIII.

ART. IX.

Le chef temporaire de la corporation, le doyen, qu'on désignait géné-
ralement à Rome, en dehors de la confrérie des cochers, sous le nom
de *consul*, doit être patron et avoir dépassé l'âge de trente ans, qui
semble être la limite habituelle d'éligibilité à ces fonctions. C'est le sort
qui le désigne, au commencement de chaque année, parmi les quatre
conseillers sortants, afin qu'il soit, disent fort judicieusement les statuts, « au courant des affaires de la communauté et initié à ses tradi-
tions. »

ART. I.

ART. II.

Les quatre conseillers sont, eux aussi, tirés au sort, mais, condition

1. A Rome, un juif ne pouvait être cocher de par des ordonnances pontificales.

Art. iii.

singulière, leur désignation n'est valable que s'ils sont originaires de ville ou de pays distants entre eux d'au moins cinquante milles romains. Les cochers redoutent les coteries. Sous serment, les élus s'obligent à respecter les statuts, et à remplir avec diligence et bonne foi la charge qui leur est échue. Nul, s'il n'est malade ou absent, n'a droit de se récuser[1].

Sur ces cinq magistrats, si l'on peut les désigner de ce nom un peu ambitieux, reposent le soin et la défense des intérêts de l'association. Le doyen,

Art. ii.

Art. xiii.

nominalement, est tout-puissant : c'est en son nom que l'on convoque les assemblées ; c'est lui qui, dans les discussions, opine le premier, qui représente la corporation lors des cérémonies officielles « avec tout l'éclat et toute la dignité possibles » ; sans son consentement, aucune démarche ne peut être faite, aucune décision prise. Mais, de fait, il propose plus qu'il ne dispose. En toute circonstance, son devoir est de consulter ses conseillers qui sont aussi ses surveillants, et il ne saurait prendre aucune détermination qu'il n'ait, au préalable, obtenu l'assentiment de deux d'entre eux, au

Art. xxviii, xix.

moins. Au reste, excepté dans les cas urgents et de concert avec tous les conseillers, le doyen est tenu de solliciter l'approbation préventive de l'assemblée qui est valable si elle compte trente-deux membres.

Art. xx.

Bien plus, les auteurs des statuts pensant, non sans raison, qu'une assemblée de ce genre pouvait n'avoir pas les qualités nécessaires pour mener à bien certaines négociations délicates, décidèrent que, si le cas se présentait, doyen, conseillers et assemblée seraient également dessaisis et remplacés, dans la gestion des intérêts communs, par un mandataire, un *procureur* spécial, muni de pouvoirs limitatifs.

Art. i.

Il entrait dans les multiples attributions du doyen de nommer à certaines charges : il choisit, par exemple, l'huissier ou mieux le factotum de la cor-

---

1. Cette obligation, que sanctionnait un châtiment pécuniaire, était très générale et très ancienne Rome.

poration, personnage indispensable qui figure dans toutes les corporations romaines, et a pour emplois multiples de convoquer les membres, de veiller au maintien de l'ordre dans les réunions, d'assister au service religieux, d'ensevelir les morts, d'exécuter les ordres du doyen, de faire, en résumé, tout ce que nécessite l'intérêt de la confrérie. Art. vii.

Le chapelain était, comme l'huissier, sauf toutefois ratification de la confrérie, à la nomination du doyen qui fixait son salaire ; il devait dire la messe régulièrement sur l'autel de la communauté, célébrer les offices aux jours de fête « avec tout l'apparat possible », prier pour le salut des morts et la conservation des vivants, enfin confesser deux fois l'an, ou plus fréquemment, tous les membres de la confrérie. Car, il ne faut pas l'oublier, l'idée religieuse tient une grande place dans les préoccupations des rédacteurs de tous les statuts des corporations romaines. Toutes ont pour centre, souvent pour lieu de réunion, une église ; celles qui, comme la corporation des cochers, ne sont pas assez riches pour se payer ce luxe, se contentent d'une chapelle, d'un autel même, qu'elles décorent avec un soin touchant[1]. Toutes recommandent, imposent même à leurs membres l'observance de certains devoirs religieux. Nous sommes à Rome et, si l'ingérence pontificale ne se fait que vaguement sentir dans les institutions corporatives, l'influence du milieu y est des plus palpable. Art. i, vii. Art. viii.

Les cochers n'échappent pas à la loi commune. Les statuts les obligent à assister, le premier dimanche de juillet, à une grand'messe, à l'issue de laquelle il est donné lecture de toutes les *Constitutions* qui régissent la confrérie[2] ; à la fête de la Purification, le jour de la Chandeleur (2 février), on Art. x. Art. ix.

---

1. La chapelle de la corporation des cochers se trouvait, on l'a vu, dans l'église Santa Lucia della Tinta. Plus tard, en 1661, le pape Alexandre VII leur concéda, de moitié avec les regrattiers, la jouissance de l'église San Biagio de' Cacaberiis. Les regrattiers y célébraient, en grande pompe, la fête patronale de saint Biagio, les cochers, celle de la Conception. (*Roma Moderna, distinta per Rioni*, 1741 ; *Descrizione di Roma Moderna*, 1727 ; Ridolfino Venuti Cortonese, *Descrizione di Roma Moderna*.)

2. Il s'agit probablement des ordonnances et des ratifications relatives à la corporation et émanées soit de la Cour apostolique, soit des autorités romaines.

Art. xii.

remet à tous les membres, convoqués à cet effet, des cierges de cire blanche de grosseur différente et proportionnés à leur rang dans la hiérarchie ; enfin, une fois par an, un office solennel était célébré pour le repos de l'âme de tous les membres trépassés, auquel nul ne pouvait se dispenser de venir. En outre, la fréquentation des sacrements était obligatoire. Toute négligence

Art. ix.

entraînait une amende.

Art. xv.

Là ne se borne pas l'ardeur religieuse des cochers. Ils stipulent que si la corporation a des économies, elle les consacrera à la restauration de l'église qui leur offre un asile ; et, de fait, c'est à la pieuse reconnaissance des cochers que la vieille église della Tinta, qui datait du ixe siècle, dut d'être relevée de ses ruines (1580)[1].

A l'exemple des autres corporations romaines, elle se choisit au ciel un patron, au Vatican un protecteur, et celui-ci n'était pas le moins utile pour ces humbles en une cité où la brigue et l'intrigue n'étaient que trop agissantes. Ce défenseur terrestre était toujours un cardinal qui exerçait une

Art. vi.

sorte de contrôle sur les actes de la confrérie[2], mais surtout la protégeait en haut lieu. En retour, on lui octroyait, chaque année, un beau cierge de cire vierge, pesant quatre livres[3].

Le tout n'était pas de vivre en bonne intelligence avec le ciel, il fallait vivre, et la confrérie était loin d'être riche. D'autant qu'elle avait de nombreuses charges : il lui fallait entretenir sa chapelle, appointer son chapelain, son huissier, le médecin qui visitait ses malades, doter les filles des patrons, secourir les membres tombés dans la gêne. Pour y faire face, d'une part des cotisations modestes, de l'autre des amendes dont on s'appliquait,

Art. l, xiii,
xvii.

il est vrai, à multiplier l'application : amende d'un écu si on se refusait à remplir la charge de conseiller ; amende de deux écus si on s'abstenait de

1. Ridolfino Venuti Cortonese, op. cit.

2. Comparez art. xx.

3. Le cardinal de Pise, puis le cardinal del Monte remplirent successivement cet office à l'époque qui nous occupe.

remplir ses devoirs religieux, ou bien si l'on se montrait irrespectueux envers les aînés ; amende de six écus pour le doyen s'il enfreignait les prescriptions financières, amende de dix écus en cas de procès ; et j'en passe.
Le montant en était acquis, pour les deux tiers, au fonds social, pour l'autre
tiers, à la ville, en vue de la reconstruction du Capitole. Quant aux cotisations,
elles se bornaient à un droit d'entrée une fois payé, de trois *giuli,* soit quatre-   Art. xv
vingt-dix centimes, et à un versement annuel de même valeur. Elles étaient
dues par les patrons cochers, aussi bien que par leurs suppléants, employés,
apprentis, aides de toute espèce, par tous ceux, en résumé, qui étaient du
métier, qui exerçaient *l'art,* disent les statuts, et devaient être payés à la
Chandeleur. Après un sursis de huit jours, le doyen dressait la liste des   Art. xxii,
retardataires et la transmettait aux magistrats du Capitole, qui instru-
mentaient contre eux sans qu'il fût besoin d'autres formes de procé-
dure.

Etant donné la précarité de leur situation financière, force était aux cochers de se montrer sévères sur ce chapitre. Ici les statuts multiplient les
prescriptions, deviennent méticuleux jusqu'à l'excès.

Le trésorier, qui est, il faut le remarquer, le seul fonctionnaire élu de la   Art. i.
confrérie, doit être un homme de bien (*uomo da bene*), loyal et offrant toutes   Art. v.
les garanties possibles. Dans le cas où il ne s'en trouverait aucun parmi
l'association, on le prendra au dehors, pourvu qu'il possède les qualités
requises et des biens-fonds dans la ville[1]. Il est responsable de tout l'avoir de
la corporation : cependant, pour plus de sûreté, le numéraire est déposé   Art. xvi.
dans une caisse munie de cinq clefs qui sont réparties entre les cinq membres
du bureau ; et les objets mobiliers sont placés dans une armoire qui n'a que
deux clefs dont le doyen possède l'une et le plus âgé des conseillers l'autre.
Pour le trésorier, on ne lui en confie aucune. Il lui est ordonné de garder un   Art. v.
compte exact de tout ce qu'il reçoit et de tout ce qu'il paye, d'avoir un livre de

---

1. Il n'était pas rare, à Rome, qu'on exigeât du trésorier une caution.

caisse constamment tenu à jour, et, par dessus toute chose, de ne jamais faire de payement qui n'ait été dûment mandaté par le doyen. Toutes ces garanties ne paraissent même pas suffisantes aux soupçonneux cochers; ils imposent à leur trésorier, au sortir de charge, l'épreuve du *syndicat*.

Le *syndicat* était, en Italie, une sorte d'examen public et de jugement de la conduite d'un fonctionnaire sortant; chacun avait alors le droit de porter plainte sur sa gestion devant un tribunal nommé exprès, et tout abus de pouvoir reconnu était sévèrement puni. Les magistrats les plus intègres redoutaient cette épreuve, qui fut, dans bien des cités italiennes, la plus sûre sauvegarde de la liberté publique.

Art. xx. Le doyen lui-même devait se montrer très réservé en ce qui touchait les finances; défense lui est faite de recevoir ou de quittancer en payement quelconque sans le consentement de deux conseillers ; même en ce cas, il est tenu de ne pas conserver d'argent par devers lui durant plus de vingt-quatre heures. L'amende encourue est des plus lourdes : six écus !

Art. xix. Comme conclusion d'ailleurs, les statuts prescrivent de n'engager nulle dépense, si minime soit-elle, que la confrérie n'ait été auparavant consultée ; faute de quoi, la dépense resterait à la charge de celui qui l'aurait imprudemment ordonnée.

Art. xv. Si, d'aventure, la corporation avait des économies, il fallait les placer sur-le-champ au Mont-de-Piété qui jouait, à Rome, le rôle de banque de dépôt et de prêt, ou bien acheter une part, une action de cette même institution. En ce cas, la somme ainsi employée devenait inaliénable et ne pouvait être consacrée qu'à la restauration de l'église et surtout à l'édification d'un hospice pour les membres indigents, rêve qui ne fut, du reste, jamais réalisé.

Art. xv Si, par contre, les ressources de la corporation étaient insuffisantes, le doyen était autorisé à faire des quêtes ; cette tolérance, fort rare dans les statuts des corporations romaines, révèle assez l'état fâcheux de ses finances.

Néanmoins, la corporation se montre généreuse, prodigue même envers ceux de ses membres qui ont besoin de son appui. C'est, en effet, l'honneur des corporations romaines d'avoir toujours fait de lourds sacrifices au principe de la confraternité ; il-y règne un rare esprit de charité et d'assistance mutuelle. Certains corps de métiers opulents avaient même des maisons de retraite pour les associés pauvres ou infirmes. Au reste, ce besoin des faibles de s'entr'aider et de se défendre mutuellement est si général et si pressant que nous le voyons reparaître aujourd'hui, après une éclipse passagère, plus impérieux que jamais.

Les cochers ne pouvaient faire grand, mais ils n'en montraient pas moins un vif souci de la solidarité : chaque année, on tirait au sort, parmi les membres, deux infirmiers ; il suffisait qu'ils eussent vingt-cinq ans pour qu'ils puissent être élus et leur devoir était d'aller porter aide, consolation ou encouragement à leurs confrères malheureux, où qu'ils fussent. Malades ou prisonniers, pauvres ou infirmes, la communauté ne faisait point de différence et seuls étaient exclus de sa générosité les membres coupables de crimes impardonnables, tels qu'assassinat, vol ou dol. Aux autres, les infirmiers pouvaient même, le doyen consulté, accorder des secours en argent, sans toutefois dépasser la somme de deux écus. S'il mourait un membre, tous ses confrères assistaient à ses obsèques et récitaient à son intention cinq *Pater* et cinq *Ave*.

Pour éviter toute cause de discorde, les statuts contiennent une clause curieuse : un cocher apprend-il qu'un procès va éclater entre deux de ses confrères, il doit aller en informer sans retard le doyen qui est tenu de s'employer à amener une conciliation, sous peine d'être lui-même destitué sur-le-champ. Dans le cas où ses efforts seraient impuissants devant l'obstination des parties, les statuts ordonnent péremptoirement que l'affaire soit portée, quelle qu'en soit la nature, devant la juridiction du cardinal-vicaire ou des magistrats capitolains, plus expéditive que toute autre.

3

Par ce moyen, les différends inévitables risquaient moins de s'envenimer et de s'éterniser.

Cette prescription, où éclate la prévoyance et l'esprit de solidarité dont s'inspirent ces statuts, peut leur servir, je pense, de conclusion et de couronnement.

ANGERS, IMPRIMERIE A. BURDIN ET Cⁱᵉ, RUE GARNIER.